A mi hija, Alona.
MAÏA BRAMI

Para Alain Daisay, mi padre; fotógrafo y viajero de su país.
Y gracias, Arsène, espectador exigente, a veces muy meticuloso, ¡pero siempre tan valioso!
KARINE DAISAY

Cuarta edición: octubre de 2025
Tercera edición: julio de 2021
Segunda edición revisada: octubre de 2020
Primera edición: septiembre de 2017

© 2017 de los textos: Maïa Brami
© 2017 de las ilustraciones: Karine Daisay
© 2017 de la edición original: Saltimbanque Éditions, 2017

© 2020 de la edición en castellano: Zahorí Books
   Sicília, 358, 1-A · 08025 Barcelona
   www.zahoribooks.com
Maquetación: Joana Casals
Traducción: Maria del Mar Vidal
Corrección: Miguel Vándor

ISBN: 978-84-947135-6-9
D.L.: B 17664-2017

Fotograbado: Apex Graphic
Impresión: Estonia (Print Best)

Este libro es respetuoso con el medio ambiente.
Está impreso con papel procedente de fuentes responsables (FSC)
y con tintas *eco-friendly*.

Todos los derechos reservados.

Maïa Brami
Karine Daisay

EL MUNDO ES MI CASA

zahorí
BOOKS

Konichiwa!

Me llamo Akito y vivo en Tokio, la capital de Japón y la ciudad más poblada del mundo.

Todo Japón está rodeado por el océano. Bajo nuestros pies, la tierra tiembla a menudo por los terremotos, que pueden provocar un **tsunami**. Por eso, en la escuela, aprendemos técnicas de salvamento.

Vivo con mis padres en una casita. En lugar de puertas, hay **shoji** de papel y madera. Mi **kabutomushi** duerme encima de mi mesilla de noche; se llama Haya y es un campeón. Gana todos los combates contra los escarabajos de mis amigos.

Japón

Por la mañana, mi madre me prepara el desayuno tradicional japonés, a base de arroz caliente mezclado con un huevo crudo y salsa de soja, **sopa de miso** y pescado seco salteado con pimientos verdes. Luego me como una pera y me bebo un vaso de leche.

La vuelta al colegio es en abril, en la época del **hanami**. Para celebrar la primavera, vamos a hacer un pícnic bajo los cerezos en flor. Me tumbo y sueño con Kono-hanasakuya-hime —la princesa que hace florecer los árboles. Dicen que vive en lo alto del **Fujisan**.

En el colegio aprendemos la caligrafía del **hiragana**, uno de los tres sistemas de signos que se utilizan en japonés. Es difícil y hay que concentrarse. Me invento **haikus** dedicados a las estaciones del año. Hoy formo parte del grupo que limpia las clases con mis compañeros Daishi y Ria. Por las tardes tengo clase de béisbol o de violín.

Sayonara!

Konichiwa: hola.
Tsunami: ola gigante.
Shoji: paneles deslizantes.
Kabutomushi: escarabajo rinoceronte, que muchos niños tienen como mascota.
Sopa de miso: plato tradicional japonés hecho con pasta de soja fermentada.
Hanami: «mirar las flores». En primavera se admira la belleza de algunos árboles en flor.
Fujisan: monte Fuji, el pico más alto del Japón.
Hiragana: uno de los dos alfabetos fonéticos (el otro es el *katakana*) que se usan para escribir en Japonés. También hay que saber caligrafiar los *kanji* (ideogramas).
Haiku: un poema brevísimo, compuesto por 17 sílabas.
Sayonara: adiós.

Hej!

Me llamo Freja y tengo la suerte de vivir en plena naturaleza, en la pequeña isla de Svartsö, en el archipiélago de Estocolmo. En Suecia, los inviernos son muy fríos, con nieve y poca luz. En cambio, ¡en verano tenemos sol hasta de noche! Vamos a pescar, a hacer **kanot** y a recoger frutos silvestres en el bosque.

A mediados de agosto llega por fin la vuelta al colegio. Estoy contenta de volver a ir y poder decorar mi taquilla. En clase, trabajamos con ordenador. Antes de ir al cole en bicicleta, tomo un buen desayuno: zumo de naranja, té, **havregrynsgrö** y un bol de cereales con leche fermentada.

Suecia

A finales de junio es el **Midsommar**, mi fiesta preferida después de la Navidad. Mi hermano Georg, mi hermana mayor, Inga, y yo, con flores en el pelo, comemos fresas del bosque. Toda la familia canta y baila alrededor de un palo recubierto de hojas verdes. Comemos en la orilla del agua. El menú: arenque marinado, patatas nuevas (las acabadas de recoger) y, de postre, **jordgubbstårta**.

Cuando vuelve el frío, patinamos en el lago helado y espero con impaciencia el **Luciatåg**, que se celebra el 13 de diciembre. Esa mañana, me transformo en reina de la luz, con una corona de velas en la cabeza, y reparto **saffransbullar**. Los niños se disfrazan de muñecos de galleta de jengibre o de *tomtenissar*, duendecillos parecidos a Papá Noel.

En Suecia se encuentra el parque de **Tomteland**: en él se puede visitar a Papá Noel, ver su taller, saludar a los renos… ¡y darle la lista de regalos!

Hej då!

Hej: hola.
Kanot: canoa.
Havregrynsgrö: gachas de avena con compota de manzana o arándanos.
Midsommar: fiesta del solsticio de verano. Se celebra entre el 19 y el 25 de junio, fecha que varía según el año para que caiga en viernes.
Jordgubbstårta: pastel con fresas y nata.
Luciatåg: fiesta de Santa Lucía.
Saffransbullar: panecillos de azafrán.
Tomteland: parque temático dedicado al mundo de Papá Noel.
Hej då: hasta luego.

Hi! Palya!

Me llamo Connor y vivo en Sídney, la ciudad más grande de Australia. Mi país es inmenso, y suele haber ciclones y tormentas de arena. ¡Hay **roos** por todas partes, y koalas, y arañas gigantes! Y no solo en el bosque o en el **bush**.

Los aborígenes australianos, los habitantes originarios de mi país, en sus pinturas y bailes explican la creación del mundo, que ellos llaman «el tiempo del sueño». Allí encontramos la serpiente arcoíris. Los pueblos aborígenes imitan a los pájaros, las ranas y los perros salvajes mientras tocan el **didgeridoo**.

Australia

Nuestra casa está cerca de la playa. Es una suerte porque a mí me encanta hacer surf y zambullirme con el tubo de buceo. En el mar hay tiburones blancos, **blue bottles** y pulpos muy peligrosos. Cuando oímos la alarma, mi hermano mayor, Nick, y yo salimos del agua a toda velocidad.

Cuando volvemos al colegio, en enero, todavía es verano. Por la mañana me pongo el bañador debajo del uniforme para ir más rápido. Y nunca salgo sin haberme tomado el **brekkie**: un zumo de naranja, un bol de cereales, y una tostada con mantequilla y **vegemite**. El 26 de enero celebramos el **Australia Day**: pasamos el día en el puerto. Después de la carrera de ferris, hacemos un pícnic mientras escuchamos un concierto. Y por la noche, el cielo se ilumina con fuegos artificiales.

Hoy estoy muy ilusionado porque presento mi exposición sobre la **Great Barrier Reef** delante de todo el colegio. Podré hablar de este lugar, único en el mundo. El coral multicolor alberga miles de peces distintos y crustáceos y dicen que es ¡la octava maravilla del mundo! Hay que protegerla.

See ya! Palya!

Hi/Palya: hola.
Roo: canguro.
Bush: zona de matorrales y pequeños arbustos en las regiones secas de Australia.
Didgeridoo: instrumento muy antiguo, de madera, con forma de trompa.
Blue bottles: en castellano, se les llama «carabelas portuguesas». Son un tipo de medusas extremadamente peligrosas.
Brekkie: desayuno.
Vegemite: pasta salada para untar el pan, con base de levadura de cerveza.
Australia Day: la fiesta nacional.
Great Barrier Reef: la Gran Barrera de Coral.
See ya! Palya: adiós.

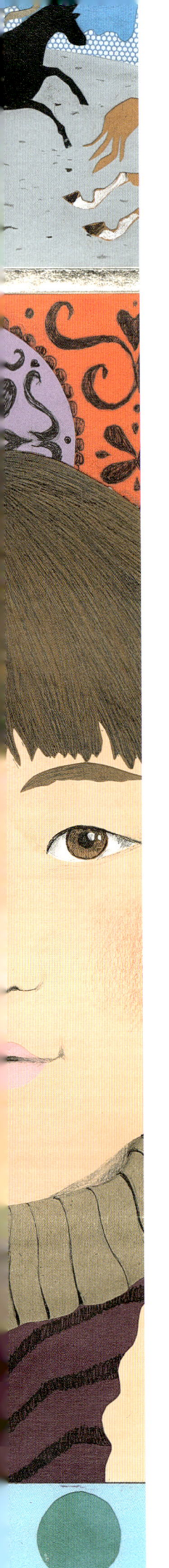

Sènne bénoo!

Me llamo Delgermaa. Vivo en el «país del cielo azul», en Mongolia.

Mi familia es nómada. Viajamos para alimentar a nuestros animales: ovejas, yaks y vacas. En verano plantamos la **ger** cerca de un río. Y en invierno nos protegemos del viento y del frío instalándonos junto a un bosque o en un valle. ¡Podemos llegar hasta los 25 °C bajo cero!

Galopamos, entre el cielo y la tierra, a caballo o a lomos de un camello. En el horizonte, se dibujan las montañas azules o las dunas gigantes de arena del desierto del Gobi. En la estepa viven manadas de **hemiones** y **takhs**.

Mongolia

Durante el año estudio en un internado en Ulán Bator, la capital. La lengua mongola se escribe en vertical y se llama *khalkha*. Para desayunar, como cordero hervido con especias, mijo, zumo de arce amarillo y **süütei tsai**.

A principios de febrero, mi padre viene a buscarme en moto para ir al **Tsagaan Sar**. Nos ponemos ropa nueva, saludamos a los ancianos y ofrecemos *buuz* (raviolis de carne) a los amigos. Yo siempre espero el postre con impaciencia: un **ul boov** cubierto de caramelos, hecho por los hombres del clan.

Cuando llegan las vacaciones de verano, estoy contenta de volver a reunirme con mis abuelos, mi madre y mi hermana pequeña, Jibek. Con mi hermano, Daïna, jugamos con los cachorros de los animales y nos entrenamos en el tiro con arco. El sabor del verano es el *airag* de mi madre: leche fermentada de yegua, preparada en una bota de cuero.

Baïrtè!

Sènne bénoo: hola.
Ger: tienda circular tradicional, recubierta de pieles.
Hemión: asno salvaje asiático.
Takh: caballo de Przewalski, una variedad de caballo salvaje.
Süütei tsai: té negro con leche ligeramente salada.
Tsagaan Sar: «mes blanco», año nuevo lunar que anuncia el principio de la primavera.
Ul boov: «pastel-suela». Está hecho a base de capas impares de galletas (7 para los abuelos, 5 para los padres y 3 para los hijos). «Dos capas de felicidad para rodear otra de infortunio».
Baïrtè: adiós.

Salama!

Me llamo Fanjatiana, que significa «flor amada». Vivo en la isla de Madagascar, el país del **ylang-ylang** y de la vainilla. Hay un montón de plantas y de animales: orquídeas, baobabs, camaleones, lémures…

Mi pueblo está en el valle de Tsarano-ro, el acantilado rosado que toca el cielo. En el bosque sagrado viven el **maki catta** y el cometa amarillo, la mariposa nocturna más grande del mundo. Su capullo gigante da una seda preciosa.

Madagascar

Por la mañana desayuno **vary sosoa**, impaciente por ir al colegio. Me gusta aprender a escribir en mi pizarra. En esta vida tengo dos sueños: seguir estudiando y ser escultora.

Cuando vuelvo a casa, devoro una batata (patata dulce) antes de ir a ver a mamá, que cuece ladrillos para construir casas. En mis manos, la arcilla se transforma en sirena o en tortuga. Mi hermana pequeña, Noro (que significa «luz») hace juguetes con ella.

Haja («respeto») y Tahiry («tesoro»), mis hermanos mayores, trabajan en los arrozales con papá. Utilizan cebús para labrar la tierra antes de plantar las semillas. El arroz es sagrado: nos da la vida. Todos esperamos siempre que los ancestros lo protejan de la lluvia y de los ciclones.

Entre abril y junio, el colegio se queda vacío, porque ayudamos a nuestras familias en la primera cosecha. Es invierno y en nuestras montañas hace frío. Nuestros primos vienen de **Tana** a celebrar el **Santabary**. Traen caña de azúcar y **koba**, y cantamos y bailamos al son de la **valiha** y del acordeón.

Veloma!

Salama: hola.
Ylang-ylang: árbol tropical con flores muy aromáticas.
Maki catta: el más conocido de los lémures; tiene una cola negra y blanca.
Vary sosoa: significa «buen arroz» en lengua malgache. Es un arroz caldoso que puede acompañarse con carne o endulzarse con azúcar.
Tana: diminutivo de Antananarivo, la capital de Madagascar. El nombre significa literalmente «Ciudad de los mil».
Santabary: es la Fiesta del Arroz. Se celebra entre finales de abril y principios de mayo para festejar las primeras cosechas de arroz.
Koba: pastel hecho con harina de arroz y cacahuetes machacados.
Valiha: instrumento tradicional. Es una cítara de bambú y tiene de 16 a 24 cuerdas de alambre.
Veloma: adiós.

Hello!

Me llamo Hope. Vivo en Londres, en Inglaterra, el país de Sherlock Holmes, de Harry Potter y de los Beatles. ¡Aquí viven personas procedentes de todo el mundo y se hablan más de 300 idiomas! Yo hablo dos: inglés e hindi, como papá.

En mi barrio hay *street art* (grafiti) en las paredes. Desde el parque, veo la **City** de lejos con el **Big Ben** y el palacio de Buckingham, donde vive nuestra reina, Isabel II, y cada año celebramos su cumpleaños. Los días de lluvia, todo desaparece bajo la niebla.

Inglaterra

Mi amiga Shanice vive en el segundo piso. Nos parecemos, con los uniformes puestos. Cuando llegamos a la clase, guardamos nuestras **lunch boxes**. Esta mañana, ¡qué nervios! tenemos **assembly**, y tengo que acompañarla con la guitarra delante de todos los alumnos.

El sábado voy al mercado. Ir allí a comprar es como dar una vuelta al mundo. Huele a especias, a fritura, a azúcar y a flores. Hacemos la compra mientras probamos un **curry** o un **fish & chips**. Así varío de los cereales, las tostadas de **Marmite** y el té con leche que acostumbro a tomar para desayunar. Por la tarde, si hace buen tiempo, vamos a hacer *paddle surf* (surf de pala).

¡A finales de noviembre empieza la magia de la Navidad! La ciudad se ilumina y todo el mundo tararea villancicos, las canciones tradicionales. En el colegio, elegimos la función de Navidad y todos participamos. El 24 de diciembre, me duermo mirando mi *Christmas sock*, el calcetín gigante, que cuando me despierte estará lleno de regalos.

See you around! Bye-bye!

Hello: hola.
City: el centro histórico de Londres.
Big Ben: la campana que toca las horas en lo alto de la torre del palacio de Westminster y da las campanadas de Año Nuevo.
Lunch boxes: los niños se llevan la comida del mediodía al colegio (bocadillo, patatas fritas y bebida).
Assembly: reunión de todo el colegio en la sala de celebraciones. El director entrega los diplomas y cada clase presenta sus trabajos.
Curry: guiso indio con especias que se ha convertido en el plato preferido de los ingleses.
Fish & chips: pescado frito con patatas fritas, kétchup, mayonesa y cebolla, que se come por la calle.
Marmite: pasta salada para untar el pan, hecha con extracto de levadura.
See you around/ Bye-bye: nos vemos/ adiós.

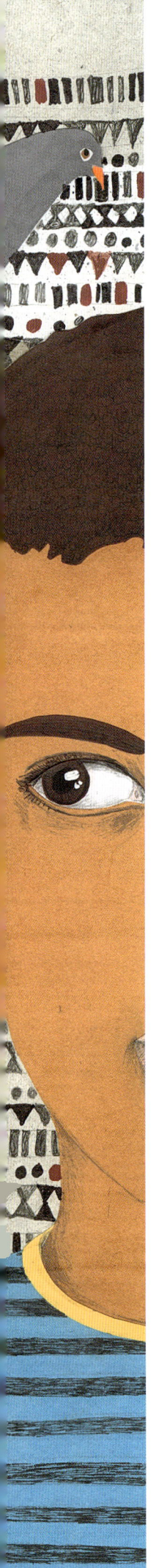

Ahlán!

Me llamo Ilyas. Vivo en Egipto, el país de los antiguos faraones y las pirámides. Bajo las dunas de color rosa y oro se esconde la historia: jeroglíficos, **mastabas**, fósiles y huesos de ballenas.

Vivo en una casa, pero sigo siendo **beduino**: bajo las estrellas, el desierto es mi reino. En su inmensidad nunca me pierdo, ni siquiera cuando en primavera sopla el **khamsin** y nos atrapa en una nube de arena abrasadora. Mi abuelo conduce sus dromedarios mehari con los ojos cerrados, mientras les canturrea melodías. Su leche nos protege de caer enfermos.

Egipto

Nuestro pueblo está en un oasis. El agua es nuestro tesoro. Aquí crece de todo: arroz, mangos, naranjas… A mediados de septiembre, después de clase, trepo por las palmeras con mis hermanos para hacer caer los dátiles sahidi. También los ayudo a recoger las *zeitoun* (aceitunas). En verano, después de la siesta, nos refrescamos en las fuentes.

Dentro de la gran carpa de ceremonias, hecha con piel de cabra, no tememos ni al calor ni al frío. El pueblo entero celebra una fiesta alrededor del fuego. Con las piernas entrecruzadas, sentados formando un corro, comemos **mansaf**, bebemos té de menta **nanah** azucarado y bailamos al son de los **rebâbs** y del tambor.

Al alba, mi madre cuece el *ftir*, un pan que yo mojo en leche caliente. Ella cuida de las gallinas con mis hermanas y yo, del palomar. Las palomas son como nosotros: son libres y siempre encuentran el camino de vuelta a casa. Un día iré al otro lado de las montañas, a remontar **al-Nil** hasta el mar.

Maa salama!

Ahlán: hola.
Mastaba: tumba egipcia en forma de pirámide destroncada.
Beduino: palabra proveniente del árabe *badawiyine*. Es un habitante del desierto, un pastor nómada.
Khamsin: viento del Sáhara, caliente y seco, que provoca tormentas de arena.
Mansaf: cordero cocido con salsa de yogur fermentada, acompañado de arroz.
Nanah: especie de menta muy perfumada.
Rebâb: viola de 1 cuerda con la caja de resonancia cubierta de piel de cabra.
Al-Nil: el Nilo, el río más grande del mundo con el Amazonas.
Maa Salama: hasta pronto.

Ai!

Me llamo Joy Malina («diosa del Sol») y vivo en **Nunavut**, en el Ártico. De mediados de mayo a mediados de julio no hay noche, solo luz. La banquisa se funde y nos desplazamos en kayak.

Hace medio siglo, mi pueblo, los inuit, era nómada y vivía todavía en casas de hielo, los iglús. Seguíamos a los caribús para comérnoslos y utilizar sus pieles. ¡En invierno podemos alcanzar los 50 °C bajo cero!

Canadá

De mediados de noviembre a mediados de enero, estamos sumergidos en la noche polar. La luna, cuando está llena, se convierte en nuestro sol. Se refleja en la banquisa. Entonces los hombres salen a cazar focas y *aaveq* (morsas) con arpón. ¡Con solo una nos basta para alimentar a una familia entera durante todo el invierno! El 21 de diciembre celebramos el **Midwinter**. Todo el pueblo se reúne para deleitarse con **igunak**, bailar y hacer carreras de trineos. El regreso de la primavera y de la luz, el 19 de marzo, es también otra buena excusa para celebrar una gran fiesta.

Mi familia esculpe estatuillas en la **serpentine**, en el marfil de narval y en la cornamenta de caribú: un *nanuq* (el oso blanco), nuestro animal sagrado, una gaviota y una ballena. Se inspiran en la naturaleza y en nuestras leyendas: como la del **inukshuk**, nuestro símbolo, que aparece en la bandera.

Por la mañana desayuno **mattaq**. En nuestra tierra no crece nada, aparte de los frutos rojos en verano. En el colegio aprendo inglés, francés e *inuktitut*, nuestra lengua. Con mi amiga Kathy, en el recreo, practicamos el *kattajak* —un canto que imita a los animales con la garganta—. ¡Es divertido! Al anochecer, con mis hermanos, vamos a jugar a casa de nuestros primos, que viven al lado. Jugamos al **ukalik**.

Takulaarivuguk!

Ai: eh.
Nunavut: «nuestra tierra», territorio inuit del que forman parte 14 pueblos.
Midwinter: solsticio de invierno, fiesta celebrada a mediados de la estación sin sol.
Igunak: carne fermentada de foca o de otro animal.
Serpentine: llamada también jade de las nieves, es una piedra de color verde oscuro.
Inukshuk: «hombre piedra». Estatua hecha amontonando piedras que servía para tender una trampa a los caribús. Hoy funcionan como puntos de referencia en el desierto de hielo.
Mattaq: piel de beluga o de narval recién pescados. A los niños les encanta.
Ukalik: «conejo», juego de agilidad que consiste en dibujar objetos o animales cruzando cordeles entre los dedos. Los chamanes lo usaban para explicar leyendas.
Takulaarivuguk: hasta pronto.

Hi!

Me llamo Lana y vivo en Nueva York, en la 25.ª planta de un rascacielos. Desde lo alto del Empire State Building —uno de los primeros rascacielos—, se ve la estatua de la Libertad a lo lejos, en la bahía de Nueva York. Abajo, a pie de calle, ¡los taxis parecen hormigas!

Para celebrar el **Thanksgiving** con mis abuelos en Los Ángeles, cruzo Estados Unidos. Medio día de avión: cambiamos de hora y de clima. ¡En la ciudad de Los Ángeles está el sol, el surf y Hollywood!

Estados Unidos

En invierno, en **Manhattan**, ¡podemos llegar hasta los 15 °C bajo cero! Las máquinas quitanieves amontonan la nieve junto a las aceras. El tráfico se congestiona y mis padres refunfuñan porque el metro funciona mal. Yo espero con ganas que llegue un *snow day* —cuando nieva demasiado—, ¡y cierren la escuela!

El sábado por la tarde, papá se convierte en mi entrenador de béisbol en el patio del colegio. Y los domingos salimos a comer un **brunch** en familia. Después, vamos a pasear por **Central Park**. De regreso, picamos algo en un **food truck**: ¡me encantan los *cupcakes*!

Para el **talent show**, preparo un número de claqué inspirado en *Cats*, mi musical preferido. También será el tema de mi cumpleaños, en el que habrá un espectáculo y un pastel gigante en forma de gato. Este verano iré a unos campamentos para niños que queremos ser artistas. Apenas hemos terminado de celebrar Halloween, y yo ya pienso en ello: ¡es mi sueño!

Esta mañana mi madre vendrá a mi clase a hacer de lectora misteriosa. Disfrazada de robot, ¡nadie la reconocerá! Como estoy demasiado ansiosa para terminar los cereales, ¡casi olvido la **lunch box**! En la entrada, Steve, el *doorman*, el encargado de abrir las puertas, me suelta:

Have a good one!

Hi: hola.
Thanksgiving Day: la fiesta más importante. Cena familiar en la que se come un pavo asado (con salsa de arándanos, puré y tarta de calabaza).
Manhattan: uno de los cinco distritos de la ciudad. El nombre proviene de los indios Lenapes, los primeros habitantes de la isla.
Brunch: comida dominical que se toma entre las 11 y las 15 h (*pancakes*, gofres, huevos, etc.).
Central Park: parque inmenso en medio de Manhattan, con carriles bici, zoo y pistas de hielo en invierno.
Food truck: estos restaurantes furgoneta, que están en las aceras de muchas calles, permiten comer de manera improvisada (*hot-dogs*, hamburguesas, tacos, etc.).
Talent show: espectáculo anual del colegio.
Lunch box: fiambrera con la comida del mediodía (bocadillo de mantequilla de cacahuete con mermelada y zumo de fruta).
Have a good one: Que tengas un buen día.

Sa wa di!

Me llamo Kasemchaï, que significa «victoria», y vivo en Tailandia, «el país de las 18 sonrisas». La armonía, ante todo. Entre las personas, pero también en nuestros platos, como el **joke** del desayuno. Y nunca nos ponemos nerviosos. Incluso cuando me entreno en *muay thai* (boxeo), nuestro deporte nacional, la imagen del dios mono **Hanuman** inspira mi conducta.

En Tailandia nos bañamos en el mar todo el año. Vivo en Krung Thep, Bangkok, la capital. Desde mi ventana, en el piso 20.º, veo el Chao Praya, el río que atraviesa todo el país. Sobre las **khlong** se deslizan los *long tails*, las barcas taxi. Son prácticos para evitar los atascos y poder ir a comprar jengibre, papayas, rambutanes, durios y lichis en el mercado flotante.

Tailandia

En todos los escaparates hay una foto de nuestro adorado rey, fallecido en 2016. También hay una en el salón de mi casa. En el **sanphraphum**, mi hermana pequeña, Nam («fortuna») y yo dejamos una flor cada mañana. En el mercado de los amuletos encontramos objetos de la suerte.

Mi fiesta preferida es el **Songkran**, a mediados de abril, al finalizar las vacaciones de verano. Solemos estar a más de 35 °C. Durante tres días, todo el mundo se moja con pistolas de agua. ¡Hasta participan los bomberos y los elefantes! Disfrutamos de un bol de *pad thaï*, nuestro plato nacional —fideos de arroz salteados con gambas o carne—, y nos refrescamos con zumo de frutas helado.

Cuando empieza el colegio, nos cortamos el pelo y planchamos los uniformes. Al llegar a clase nos descalzamos y, en el patio, cantamos el himno mientras izamos la bandera. En enero se celebra la ceremonia del **Wai Khru**, la fiesta de los profesores: nos arrodillamos delante suyo y les ofrecemos flores como prueba de respeto.

La khon!

Sa wa di: hola.
Joke: sopa de arroz con aroma de jazmín, jengibre y chile.
Hanuman: dios mono de pelo blanco procedente de la mitología hindú. Simboliza principalmente la fuerza, la perseverancia y la lealtad.
Khlong: canales. Antiguamente Bangkok se conocía como «la Pequeña Venecia».
Sanphraphum: la casa de los espíritus, que permite proteger los lugares importantes.
Songkran: Nuevo Año budista, entre el 12 y el 15 de abril.
Wai Khru: los alumnos ofrecen a sus profesores arroz salteado (símbolo de disciplina), flor de berenjena (símbolo de humildad) o flor de Ixora (símbolo de vivacidad).
La khon: adiós.

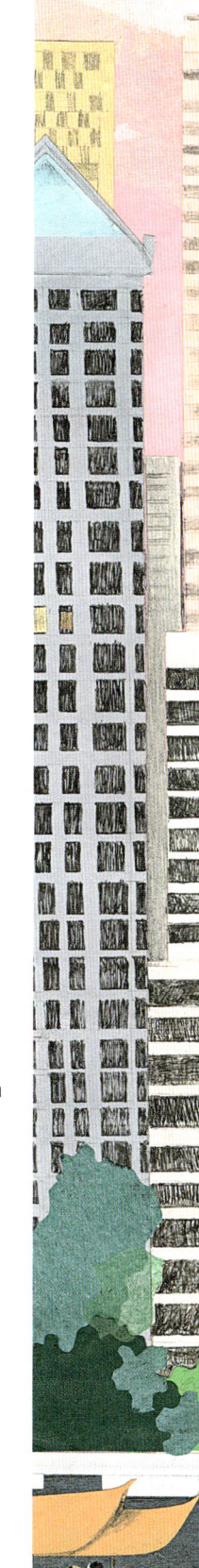

Halló!

Me llamo Sigurður y vivo en Islandia, la isla volcánica más grande del mundo. ¡Una isla de magma que sigue creciendo! En este paisaje lunar de lava y de hielo, cada montaña proviene del corazón de la Tierra y explica sus orígenes. Cada piedra puede ser la casa de criaturas invisibles (**huldufólk**): elfos, enanos y duendes.

Por todas partes hay fuentes de agua caliente. El vapor que mana del suelo dio nombre a la capital, Reikiavik, donde yo vivo. En la piscina donde vamos toda la familia, ¡el agua está a 39 °C! Me olvido rápidamente del frío exterior, menos cuando subo al tobogán. Al salir, vamos al puerto a disfrutar de una **pylsa** o de una *pizza* de bogavante.

Islandia

A finales de abril es el **Sumardagurinn fyrsti**, la vuelta del buen tiempo. En verano, papá, que es pescador de bacalao, hace vacaciones. Entonces nos vamos en un todoterreno a **Gullfoss**, donde el agua sube por efecto del *rok* (vendaval). ¡En islandés existen más de 18 formas de llamar al viento! En las playas negras hay icebergs fundidos que brillan entre los guijarros, y los **lundar**. En el océano, las ballenas soplan como nuestros géiseres, junto a las focas.

Al volver al colegio, el sol de medianoche deja paso a las **auroras boreales**: en las calles se apagan las farolas para disfrutar del espectáculo. En invierno, hay muy pocas horas de luz solar. Entonces, por la mañana me lleno de energía comiendo **hafragrautur** y aceite de hígado de bacalao. Me encanta ir a la escuela. Durante el recreo, juego al ajedrez con mis compañeros. Hoy prepararemos *laufabrauð* (creps de trigo) en el taller de pastelería: pronto será *Jól*, nuestra Navidad, con sus trece **jólasveinar**!

Bless, bless!

Halló: hola.
Huldufólk: «pueblo escondido», criaturas que se nos parecen y que pueden hablar.
Pylsa: plato nacional. *Hot dog* de cordero, que acompañamos con kétchup, mostaza dulce y cebolla.
Sumardagurinn fyrsti: el «día del verano». Fiesta del final del invierno, el tercer jueves de abril.
Gullfoss: el salto de agua más bonito del país, de 32 m de altura.
Lundar: en singular, **lundi**, nombre del frailecillo, ave marina negra y blanca con el pico de colores. Los *lundar* son un símbolo de Islandia.
Aurora boreal: destellos de luz de colores que aparecen en el cielo de noche.
Hafragrautur: papilla de avena que se prepara con mantequilla, azúcar moreno y pasas.
Jólasveinar: en vez de Papá Noel, durante los 13 días antes de la Navidad 13 trolls van llegando y dejan regalos en los zapatos de los niños, colgados en el alféizar de la ventana.
Bless, bless: adiós.

Karibu!

Me llamo James y vivo en Kenia, cerca del lago Turkana. Cada día recorro los pasos de los primeros hombres y los de los animales salvajes: *simba* (leones), guepardos, impalas, rinocerontes… En nuestras reservas organizamos **safaris**.

Los pastores **samburu** vivimos de la misma manera desde hace siglos. Hemos conservado nuestra lengua, nuestros bailes. Mis padres llevan el **shuka** y las joyas de perlas. Los cabellos de los **moran** son de color ocre rojo, como el fuego, y como el cielo en una puesta de sol.

Muchas otras tribus viven en la sabana, lejos de los rascacielos de **Nairobi** o de las playas de **Mombasa**. Nuestro pueblo está protegido por los zarzales. De noche, en la cabaña, oigo a las hienas.

Kenia

Por culpa de la sequía, las cabras están dando menos leche. Por la mañana tengo que cavar la tierra a mucha profundidad para encontrar agua y llenar mi cantimplora y la de mi hermana. Para ir al colegio tenemos que andar ¡12 kilómetros! Y en verano, entre diciembre y abril, ¡en cuanto empieza a salir el sol, ya estamos a 30 °C! La tierra quema.

Nos tomamos rápidamente nuestra papilla de **mtama** mientras papá nos bendice contra las desgracias. Tengo miedo de los elefantes que hay bajo el acantilado; si atacan, son muy peligrosos. Los *ndege* (pájaros) se ponen a piar. Hay más de mil especies diferentes. Mochila de colegio en la espalda y bastón en la mano… ¡En marcha!

A las 7:30 de la mañana izamos la bandera en el patio. Tenemos el tiempo justo para sacar el polvo de los uniformes. Con el corazón latiendo, entono el himno mientras sonrío. Soy el primero en inglés, **suajili** y resistencia. Un día encontraré una solución a la sequía.

Kwaheri!

Karibu: hola.
Safari: significa «viaje» en suajili. Expedición en un todoterreno para ir a ver animales salvajes.
Samburu: pueblo primo de los masáis. Al igual que estos, los samburu también hablan maa.
Shuka: ropa tradicional, originariamente roja. Sirve para vestirse o como manta.
Moran: nombre de los guerreros samburu.
Nairobi: capital de Kenia, situada a 1.700 m de altitud. Sus rascacielos están junto a una reserva natural.
Mombasa: es la principal ciudad del sur del país y el puerto más importante del océano Índico. La gente disfruta de las playas de arena blanca y de los corales.
Mtama: mijo. El maíz también acompaña muchos platos: el ugali es una especie de polenta.
Suajili: lengua nacional. También se habla inglés, herencia de los colonos.
Kwaheri: adiós.

¡Buenos días!

Me llamo Narda y vivo en Bolivia, a los pies del Cerro Rico. En su cumbre, los incas hacían ceremonias dedicadas a la **Pachamama** hasta que los españoles descubrieron allí una mina de plata.

Potosí, mi ciudad, se construyó a su alrededor. Dicen que esta montaña es la casa del Tío, —el dios de los Infernos—. Para que no se enfade, mi padre y mis hermanos le dejan flores y caramelos cuando van a excavar a la mina. Dentro hace mucho calor y cuesta respirar.

Bolivia

La mayoría de niños estudian por la mañana y trabajan por la tarde. Yo también voy al colegio pero, para pagar los uniformes y los libros, durante la tarde hago de limpiabotas. A comienzos de noviembre es **Todos Santos**: en el florido y decorado cementerio, hacemos una fiesta con banquete y cantamos. ¡Me encanta comerme las cabezas de azúcar de las **tanta wawas**!

A las 18:30 h, antes de ponerme a estudiar, como **locro**. Me cuesta seguir la clase en español y ¡se me cierran los ojos! En casa hablamos quechua, la lengua de los incas. Me gustaría ser guía: recorrer el desierto de sal, admirar los cóndores en la cordillera de los Andes, o retroceder en el tiempo sobre el lago **Titicaca**.

A finales de junio es invierno. Después del **Inti Raymi**, el Año Nuevo inca, encendemos hogueras por San Juan, el día 24 por la noche. Nos calentamos bebiendo **api** con canela. El aliento de mi padre sale de la **zampoña**, como si fuera un espíritu. Mis hermanos lo acompañan con el **charango**. Trato de no dormirme, porque dicen que quien se quede despierto toda la noche, ¡estará en forma todo el año!

¡Adiós!

Pachamama: la madre Tierra, la diosa más importante de los Incas.
Potosí: es una de las ciudades del mundo situada a mayor altitud (4.070 m).
Todos Santos: es los días 1 y 2 de noviembre, el equivalente del Día de Todos los Santos.
Tanta wawas: bollo en forma de niño, con caras dibujadas en azúcar.
Locro: potaje (maíz, patata y calabaza). Bolivia es conocido por tener más de 300 variedades de patata. También se cultivan la quinua y el maíz.
Titicaca: el lago más grande de América del Sur y el más alto sobre el nivel del mar. Allí está la isla del Sol, donde la leyenda sitúa el origen de la civilización inca.
Inti Raymi: en quechua, «fiesta del sol» y es el 21 de junio, que marca el solsticio de invierno.
Api: bebida dulce (maíz lila, canela y clavo) que se suele tomar como desayuno.
Zampoña: instrumento de viento hecho de cañas vacías.
Charango: instrumento andino de cuerda.

Zdravei!

Me llamo Pavel y vivo en Bulgaria, «la rosa de los Balcanes». En el valle donde duermen los reyes **tracios**, cerca de Kazanlak, crece esta flor, más preciosa que el oro.

En nuestro país, las fiestas marcan el ritmo de las estaciones: para celebrar el paso del invierno y su nieve, nos regalamos **martenitsas** rojas y blancas, y personas disfrazadas de **kukeri**, como mi padre, bailan por las calles.

Vivo en Plovdiv, la ciudad de las siete colinas. En la más alta, el Nebet Tepe, están las ruinas de la ciudadela y su túnel secreto que bajaba hasta el río. En verano, con mi hermana mayor, Bilyana, nos encanta coger el trenecito de los niños, que sube por la montaña.

Bulgaria

¡Mi ciudad tiene 6.000 años! Excavando bajo su suelo se descubrió un magnífico anfiteatro romano. Vamos allí a escuchar coros y conciertos de *kaval* –la flauta utilizada por los pastores–, y de *gadoulka* (viola). No muy lejos de la galería de arte de mi madre está también el antiguo estadio donde se celebraban combates de gladiadores.

El primer día de clase lo pasamos muy bien. Me pongo ropa nueva. ¡Huelen bien, las **banitsa**, calentitas! Me tomo un **yogur** y un vaso de **boza**. Bilyana me ayuda a llevar un ramo para la maestra. En la libreta, escribo mi nombre con **carácteres cirílicos**. Tengo las tardes libres. Después de hacer los deberes, me reúno con mis amigos.

El 1 de enero, mi hermana y yo fabricamos la *sourvaknitza* (rama de cornejo decorada con judías, pimientos y palomitas). Entonces nos damos golpecitos en la espalda con la rama a modo de saludo. Dicen que cuanto más fuerte se golpee, mejor salud se tendrá. ¡Es muy divertido! Pero lo que más me gusta es el juego del *Boritch* por Pascua: picamos huevos duros pintados, unos contra otros, y quien consigue conservar el suyo entero gana.

Dovizhdane!

Zdravei: hola.
Tracio: los búlgaros reivindican la herencia de los tracios, un antiguo pueblo del sureste de Europa.
Martenitsa: muñequitas de lana que se regalan el 1 de marzo. Se cuelgan de la muñeca o del pecho.
Kukeri: fiesta tracia en la que tradicionalmente los hombres, y ahora también las mujeres, se ponen máscaras con cuernos, pieles de cabra y cinturones con cencerros para asustar a los malos espíritus.
Banitsa: hojaldre tradicional con queso blanco. Se pueden rellenar con espinacas u otras verduras.
Yogur: el famoso yogur búlgaro es un arte ancestral.
Boza: bebida fermentada a base de maíz, cebada o mijo.
Carácteres cirílicos: el búlgaro fue la primera lengua eslava en utilizar este alfabeto.
Dovizhdane: adiós.

Guten Tag!

Me llamo Wolfgang y vivo en Alemania. Nuestros bosques son los más grandes de Europa central. ¡No es extraño que salgan en los cuentos de los hermanos **Grimm**!

En Berlín, la capital, donde yo vivo, hay parques, zoos, un acuárium y hasta granjas donde los niños pueden ordeñar vacas y recoger *kartoffeln* (patatas), como la de Domäne Dahlem. En verano, cuando el calor aprieta, vamos a la playa del lago de Wannsee. Allá comemos **currywurst** con **apfelschorle**.

Por la mañana, después de tomarnos un bol de **Bircher müsli**, mamá nos acompaña al colegio en bicicleta. Mi hermana Hilda y yo nos sentamos en el carrito delantero. ¡En **Prenzlauer Berg** hay más bicicletas y carritos que coches!

Alemania

Cuando llegamos al colegio, colgamos los abrigos y dejamos los zapatos fuera de la clase. La escuela termina al mediodía, así que los niños tenemos las tardes libres. Al inicio del curso, para la **schuleinführung** de Hilda, participé en el espectáculo tocando el clarinete. Hoy es 11 de noviembre, fiesta de San Martín, y fabricamos farolillos de papel. Esta noche, los niños los llevaremos cuando paseemos por la calle durante el *Laternenumzug*, el desfile de farolillos. Comeremos unos panes en forma de hombrecillo.

En invierno nieva y anochece muy temprano. Después de tomar un chocolate caliente y un *schneke* (bollo con canela y pasas) en la terraza de un café –¡allí se está bien porque hay calefacción!–, el U-Bahn (el metro) nos lleva hasta la Isla de los museos.

El 6 de diciembre celebramos el **Nikolaus** y el espíritu de la Navidad ya está aquí. En la Alexanderplatz, cada puesto de madera del mercadillo navideño ofrece maravillas, y el *Lebkuchen* –galleta de especias– ¡se te funde en la boca!

Tschüß!

Guten Tag: buenos días.
Grimm: los hermanos Jacob y Wilhelm Grimm se hicieron famosos por sus cuentos infantiles.
Currywurst: salchicha con salsa de curri.
Apfelschorle: mezcla de zumo de manzana y agua con gas.
Bircher müsli: copos de avena marinados en leche a los que se añaden frutas.
Prenzlauer Berg: barrio de Berlín.
Schuleinführung: fiesta para los niños que empiezan la Primaria. Los padres les regalan una *Schultüte*, un gran cucurucho sorpresa con caramelos y chucherías.
Nikolaus: San Nicolás. El 5 de diciembre por la noche, baja del cielo con su trineo cargado de chucherías y las deja en los zapatos de los niños.
Tschüß: hasta ahora.

Sawubona!

Me llamo Lindiwe y vivo en Sudáfrica, el «**país del arcoíris**». ¡Tenemos 11 lenguas oficiales, 3 capitales y 6 colores en la bandera! El verde es por la paz. El 27 de abril celebramos el **Día de la Libertad** haciendo una *shisa nyama* (una barbacoa). ¡Asamos avestruz, antílope y hasta, en alguna ocasión muy especial, cocodrilo!

Hace mucho tiempo, mi pueblo, los zulús «pueblo del cielo», bajó de las montañas del Drakensberg, que llamamos *Quathlamba* (muralla de lanzas), para instalarse en el KwaZulu-Natal. Vivo aquí con mi familia, en Durban, la tercera ciudad más grande del país.

Sudáfrica

Nuestro país es un tesoro: en su suelo se encuentra oro, cobre, diamantes, y por todas partes, las especies más diversas. En el jardín botánico crece la *cycadatae*, la planta más vieja del mundo. Leones, elefantes y jirafas viven en las reservas, pero también rinocerontes blancos y negros, **lycaons**, suricatas y las gacelas **springboks**, un símbolo nacional. Las he visto saltar delante de mí en clase de ciencias.

Cuando empieza el colegio, en enero, todavía es verano. Pasamos un poco de calor con los uniformes. Después de un buen bol de *pap* –papilla de maíz– y un vaso de **rooibos** azucarado, nos ponemos en marcha hacia el colegio. A causa del monzón, huele a lluvia, pero pronto vuelve a salir el sol. Donde vivimos hace buen tiempo todo el año. Vamos a menudo a la playa. Después de nadar me tomo un **bunny chow** mientras admiro a los surfistas.

Mientras nos enseñan inglés o **afrikaans** en clase, miro por la ventana el césped del campo de futbol: tengo ganas de ponerme los pantalones cortos para ir a chutar el balón. Un día, espero convertirme en una auténtica profesional. ¡Papá ya tiene una *vuvuzela* (trompeta de plástico) para animar el ambiente en el estadio!

Sala kahle!

Sawubona: hola.
País del arcoíris: en Sudáfrica convive gente de muchos colores de piel.
Día de la Libertad: fiesta nacional instituida por el primer presidente negro, Nelson Mandela.
Lycaon: especie de lobo con manchas que vive en la sabana. Está en peligro de extinción.
Springbok: gacela capaz de saltar muy alto.
Rooibos: planta roja que se bebe en forma de infusión. Crece solamente en Sudáfrica.
Bunny chow: especialidad de Durban. Sándwich de pan inglés que se rellena de curri.
Afrikaans: una de las lenguas oficiales. Deriva del neerlandés.
Sala kahle: adiós.

Shalom!

Me llamo Ilán y vivo en Israel, en el desierto del **Néguev**, donde empezó la historia de mi pueblo, ¡hace ya unos 6.000 años! ¡Es un país tan pequeño que por la mañana se puede esquiar en el norte, en el monte Hermón, y, al anochecer, nadar con los delfines en el mar Rojo, al sur!

Hemos conservado el mismo calendario de la antiguedad: la semana empieza en domingo y descansamos el *shabbat* (sábado). Como nuestros ancestros, hablamos **hebreo**. Nuestra segunda lengua oficial es el árabe. En Beer Sheva, la capital del sur, la gente viene de todas partes del planeta. ¡Los **beduinos** hacen eslalon entre los coches a lomos de sus asnos para ir al *shouk* (el mercado)!

Israel

En nuestros platos hay sabores y especias del mundo entero, pero nadie se puede resistir a... ¡una **pita de humus y faláfel**! Desde el desayuno, la comida es un regalo para los ojos y el paladar: tomates cereza, pepinos crujientes, *tmarim* (dátiles), higos y jugosas granadas.

Me encantan el sol y el calor, pero en verano, ¡podemos llegar a estar a más de 40 °C! Entonces hay aire acondicionado por todas partes. Hasta en clase. Fuera siempre llevo gorra, gafas de sol y una cantimplora, como cuando voy a escalar rocas. Parece que estemos en la luna y, ¡por la noche, casi podemos tocar las estrellas! A la más mínima gota de lluvia, ya hay flores multicolores que brotan de entre las piedras. Mi sueño es cruzarme con un caracal. Pero es difícil verlos, porque estos pequeños linces son del color del desierto.

Pronto será el **Pésaj**. Durante las vacaciones iremos al Yam Hamelach, el mar Muerto. ¡Es el punto más bajo de la Tierra! Con mi hermano y mi hermana, Ómer y Adar, ¡pasamos allí muchas horas flotando! Luego, para refrescarnos, tomamos **ártik** y bebemos zumo de sandía.

Lehitraot!

Shalom: hola.
Néguev: situado al sur del país. En él se halla el cráter más grande del mundo.
Hebreo: se escribe de derecha a izquierda y no tiene vocales.
Beduinos: pueblo árabe nómada.
Pita de humus y faláfel: sándwich nacional. Pan plano y redondo relleno de bolitas de garbanzos con especias, ensalada y tahina.
Pésaj: pascua judía. Durante 10 días, se suprime la harina en la comida en recuerdo de la huida de los judíos de Egipto, según narra la Biblia, donde eran retenidos como esclavos.
Ártik: polos helados.
Lehitraot: hasta pronto.

Sdrastvoui!

Me llamo Alexandra —Sasha para los amigos—. Rusia es un país inmenso: ¡tenemos 11 husos horarios y 100.000 ríos! El Volga es el más grande de Europa. Pasa cerca de Moscú, la capital, donde yo vivo.

En invierno, sobre el río Moskova helado, hay gente que hace un agujero y pesca, y ¡otros nadan con el agua a 0 °C! Yo prefiero ir en trineo, o patinar en el parque **Gorki** y luego ir a tomar un chocolate caliente al café **Pushkin** con un trozo de *vatrouchka*, una deliciosa tarta que lleva queso fresco y fruta confitada.

Rusia

Fuera todo es blanco, excepto la catedral de **San Basilio** y sus cúpulas con forma de bulbos de colores. Para protegerse de la tempestad de nieve, la gente anda por los pasos subterráneos. ¡El metro parece un museo! A las 9 h, después de la primera clase, nos sirven *kasha* –dulce grano de trigo sarraceno– con té negro. «**Chai! Chai! Viruchai!**», gritamos en el recreo, mientras jugamos al pilla-pilla.

¡En Rusia celebramos dos **Años Nuevos**! Cuando el carillón del **Kremlin** toca las 12:00 h, hacemos una promesa mientras abrimos la ventana para dejar entrar al nuevo año. En la mesa decorada se sirve: **ensalada Olivier**, arenque, pan negro y *konfiéty* (los dulces). ¡A mí me encantan las grosellas rojas con azúcar glas! Al día siguiente, bajo el abeto, me esperan los regalos del Abuelo del Frío y su nieta, la Doncella de las Nieves. Por la noche vamos al **Bolshói** a ver una representación de *El lago de los cisnes*.

Pronto será *Maslenitsa*, Martes de Carnaval. Lo celebraremos con blinis calientes y dorados como el sol. La **varénié** les da un sabor que anuncia el verano. En la calle, queman una muñeca-espantapájaros gigante para despedir el invierno. Cantamos, bailamos en círculo alrededor de la muñeca y, cuando reímos, estamos a punto de llorar…
¡Así es el alma rusa!

Poka!

Sdrastvoui: buenos días.
Gorki: miniparque de atracciones que lleva el nombre del escritor Máximo Gorki.
Pushkin: café en homenaje al escritor Aleksandr Pushkin, que vivía en el barrio. ¡En sus estanterías hay 15.000 libros!
San Basilio: catedral más conocida de Rusia, situada en la plaza Roja.
«Chai! Chai! Viruchai!»: «¡té! ¡té! ¡Sálvame!», expresión que se utiliza cuando se juega al pilla-pilla.
Año Nuevo: un año nuevo ruso está marcado en el calendario gregoriano, el vigente, y otro en el antiguo calendario juliano, 13 días más tarde.
Kremlin: fortaleza donde se encuentra el Gobierno ruso.
Ensalada Olivier: macedonia de verduras con pollo o jamón.
Bolshói: el teatro ruso más famoso, donde se creó *El lago de los cisnes* de Chaikovski.
Varénié: puré de fruta cruda, normalmente de frutas rojas recogidas en los bosques en verano.
Poka: adiós.

Namaskaram!

Me llamo Lakshmi (que significa «diosa de la Abundancia») y vivo en Kerala, uno de los 29 estados en que se divide la India. En malayalam, la lengua de la región, significa «país de los cocoteros». Los hay por todas partes: en las playas y junto a las *backwaters*, las lagunas donde vivo yo.

Antiguamente, por los canales se transportaban nuestras **especias** preciosas que llegaban a todo el mundo. Crecen en las montañas, entre arrozales y campos de té. Todos nuestros platos están aromatizados con ellas: **masala**, **dhal**, **laddu**… Y nuestra pimienta es la alegría de los mejores chefs.

India

Entre junio y octubre, el monzón sopla y trae vida, y hace que se abra el loto, la flor de la sabiduría. A mi padre, vendedor ambulante, le resulta difícil trabajar, ¡a menos que no le importe quedarse en la barca empapado! En el canal nos lavamos, hacemos la colada, pescamos y nos divertimos para refrescarnos.

Hacia finales del verano, en mayo, la vuelta al colegio es una fiesta. Todavía hay muchos niños pobres que no van al colegio. Me encanta aprender **hindi**, inglés y matemáticas. Mi sueño es ser maestra. Mi hermana Shree me ayuda a hacerme el nudo de la corbata del uniforme, mientras mamá prepara *lassi* (yogur bebible) de mango y *puttu* (arroz con coco).

Pronto será el **Onam**, el festival de la belleza y del amor, y prepararemos el *pookalam* (tapiz floral). El olor de las flores te sube a la cabeza. Tengo muchas ganas de volver a ver a mis primos por el **Onasadya**. Los recibiremos con un sari blanco y dorado —nuestra vestimenta tradicional— y con jazmín en el pelo. Después iremos a la ciudad de Thrissur, donde, atraída por las decenas de elefantes decorados, la gente se reúne para reír y bailar al son de las cornetas *kombu* y los tambores *chenda*.

Ta-ta!

Namaskaram: saludos (hago una reverencia ante ti).
Especias: cardamomo, azafrán, clavo, canela, etc.
Masala: significa «mezcla». Es también un curri o guiso especiado de carne, pescado o verduras.
Dhal: plato a base de lentejas o garbanzos, que se toma con las *pappadam*, unas creps crujientes típicas de Kerala.
Laddu: galletas de harina de garbanzo y jarabe de azúcar con cardamomo.
Hindi: lengua oficial de la India. Se hablan muchísimas otras lenguas más, entre las cuales está el inglés.
Onam: a finales de agosto, 10 días de celebraciones: danza, teatro, mimo y carreras de barcas-serpiente.
Onasadya: comida de 13 platos que se sirve sobre una hoja de banano y se come sentado con las piernas entrecruzadas.
Ta-ta: adiós.

Salve!

Me llamo Marcello, como el protagonista de **La dolce vita**. Vivo en Italia, el país de Leonardo da Vinci, de la *pizza* y de la ópera. De norte a sur, el mar nunca está lejos. Mejor, porque en verano «**c'è un caldo che spacca le pietre**». Para merendar, mi **gelato** preferido es el de *bacio* («beso», de chocolate y avellana).

¡En verano, las vacaciones duran tres meses! Por la mañana salgo a la calle con la boca todavía llena de galletas, a chutar la pelota con los amigos. Reímos mucho cuando se queda colgada en la ropa tendida de los balcones.

Vivo en Roma, la capital. La belleza se ve por todos los rincones e **iglesias**.

Italia

En la Antigüedad, Roma fue la capital del mundo. Cada 21 de abril celebramos su fundación. Se dice que la cueva donde la loba amamantó a Rómulo, su fundador, se encuentra a los pies del **Palatino**. En los Abruzos, a una hora de viaje, todavía hay lobos. Al ponerse el sol, monumentos y fuentes se tiñen de oro. En el colegio, durante la **ricreazione**, jugamos a gladiadores. Nos imaginamos que estamos delante de los 50.000 espectadores alocados del *Colosseo* (Coliseo), ¡o lanzando nuestros carros a toda velocidad por el **Circo Massimo**!

A la 13:30, el *nonno*, mi abuelo, viene a buscarme para ir a comer. La sala de nuestra *trattoria* (restaurante tradicional) huele muy bien, a **café**, y hay mucha animación. Vivo como en un espectáculo, con la nariz clavada en mis **bucatini all'amatriciana**. ¡La *nonna*, mi abuela, tiene siempre la última palabra!

¡Pronto será la Epifanía! Por la noche, la amable pero temible bruja Befana vendrá a llenarme los calcetines de dulces. Como soy algo gamberro, seguro que encontraré trozos de carbón… ¡de azúcar negro!

Ciao!

Salve: salud.
La dolce vita: «La dulce vida», título de una película de Federico Fellini que hace referencia a que, en Italia, la vida se disfruta con calma.
C'è un caldo che spacca le pietre: «Hace un calor que parte las piedras».
Gelato: «helado». Los italianos inventaron los helados.
Iglesia: Roma es la capital del catolicismo y alberga el Estado más pequeño del mundo, el Vaticano, donde vive el papa.
Palatino: una de las 7 colinas de Roma. En el Capitolio se encuentra uno de los museos más antiguos del mundo, fundado en la Edad Media.
Ricreazione: el recreo de media mañana. Se suele tomar *pizza bianca* (sin nada encima) o *pizzetta rossa* (*pizza* de tomate).
Circo Massimo: el «circo más grande», el hipódromo más antiguo de la ciudad.
Café: los primeros cafés europeos abrieron en Venecia en el siglo XVII. El café es un rasgo distintivo del estilo de vida italiano.
Bucatini all'amatriciana: ¡en Italia hay más de mil variedades de pasta! A los romanos les encantan los bucatini (espaguetis gruesos huecos por dentro) al estilo de la ciudad de Amatrice, con queso pecorino y *guanciale* (carrillada de cerdo salada y curada).
Ciao: adiós.

¡Hola!

Me llamo Guillermo y me llaman Memo… Vivo en México, el país del *Kukulkán* (la Serpiente emplumada, divinidad de los mayas), del pimiento picante (hay 250 cincuenta variedades) y ¡de las fiestas!

En Xochimilco, en el sur de Ciudad de México, la capital, los fines de semana paseamos por los canales de nuestros ancestros aztecas. En las barcas cantan los **mariachis** y se cuenta la leyenda de cómo la princesa Mixtli y el guerrero Popoca fueron convertidos en volcanes.

México

Vivo en el barrio de **Coyoacan**, lejos de los rascacielos. El espíritu de la pintora Frida Kahlo está por todas partes y los turistas se apresuran a visitar el lugar donde vivió, la Casa Azul, que tiene las paredes pintadas de este color. En los mercados cercanos se pueden encontrar *chapulines* (saltamontes fritos), **antojitos**, frutas tropicales y cerámica.

Cada mañana, después de los frijoles (puré de judías rojas) y del café, papá me lleva al colegio. Como llego antes de hora, siempre me llevo un libro. A las 13:00 h, terminadas las clases, me quito el uniforme, ¡ansioso por coger el balón de fútbol! Después, mamá me viene a buscar. Volvemos a casa, cenamos pronto y ella vuelve a su trabajo. Pero hoy no, porque tenemos que acabar de preparar el altar y las decoraciones para el **Día de los Muertos**.

Esta noche, con mi hermana Carmen, saldremos disfrazados gritando «¡Queremos **calaverita**!», para llenar nuestra calabaza de bastoncillos de azúcar de caña y de granos de amaranto caramelizados. Y mañana iremos a la plaza del Zócalo, donde antes estaban los templos de los aztecas, para admirar a los bailarines con sus tocados de plumas en la cabeza y las paradas decoradas con flores naranjas, en honor de la sonriente **Catrina**.

¡Hasta luego!

Mariachis: músicos que tocan la trompeta y otros instrumentos como el *tololoche*, (un tipo de contrabajo tradicional mexicano).
Coyoacan: «lugar de los coyotes», antigua capital de los tepanecas, uno de los pueblos de los que descienden los mexicanos.
Antojitos: aperitivos mexicanos a base de harina de maíz (quesadillas, tostadas y tacos).
Día de los Muertos: fiesta de los muertos, el 1 y el 2 de noviembre. Se rinde homenaje a los muertos celebrando la vida. Se regalan pequeños cráneos de azúcar y se toma «pan de muertos», un *brioche* con canela.
Calaverita: ritual que tiene lugar del 31 de octubre al 2 de noviembre, en el que los niños van por las calles, de casa en casa, pidiendo dulces.
La Catrina: esqueleto sonriente vestido de mujer que representa la muerte. El dibujo original fue creado por José Guadalupe Posada, pero fue el pintor Diego Rivera, marido de Frida Kahlo, quien le puso este nombre.

Bonjour!

Me llamo Léonie, y vivo en el país más visitado del mundo, donde nacieron los Derechos del Hombre y *La vie en rose*. Francia ha inspirado a los más grandes artistas. Sus regiones de **ultramar** también.

Vivo en París, la capital. Cuando por las mañanas refunfuño, a las 8:15 h, porque el patinete se atasca en los adoquines, mi padre me dice: «¡Qué suerte tienes; vives en un museo abierto al cielo. ¡Hasta el metro es una obra de arte!». En el **Quartier Latin** están **Notre Dame**, la universidad de la Sorbonne (una de las más antiguas del mundo), librerías y **cines**. En invierno, entramos en calor comiendo una *crêpe* mientras esperamos a que empiece la sesión.

Francia

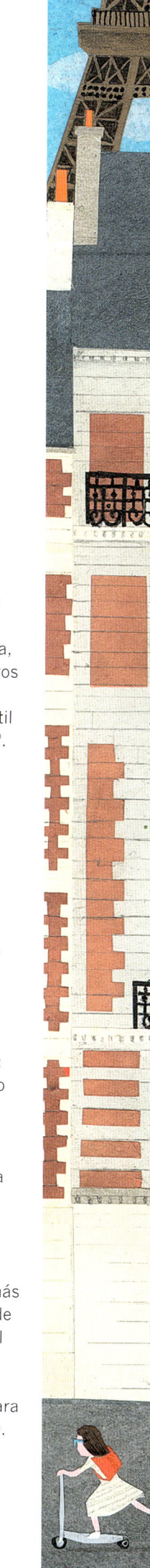

En el colegio, durante la *Semaine du goût*, los chefs preparan el menú del mediodía: entrante, segundo plato, queso y postre. En Navidad tomamos **bûche glacée** y, en Pascua, ¡huevos de chocolate!

Algunos días mis padres me vienen a buscar a las 16:30 h. Si no llueve, vamos a los Jardines de Luxemburgo. Mi hermanito Gustave juega con la arena y yo, a las gomas elásticas. Otros días, me quedo en la sala de estudio para merendar y hacer los deberes. Al volver compramos una *baguette* en la panadería, ¡solo por el simple placer de comernos el corrusco!

Los miércoles por la tarde la abuela me lleva al **Louvre** o al **Beaubourg**. Luego tengo clase de danza. Me calzo las medias puntas mientras sueño con los **petits rats** de la Opéra.

El mes de mayo ya empieza a tener un aire de vacaciones. Los fines de semana tomamos *croissants* y **lait grenadine** en la terraza de un café.

El 14 de julio, en los desfiles de los **Champs-Élysées**, Papá me sube a sus hombros. Al anochecer cenamos en un *bateau-mouche* (barca restaurante sobre el Sena) mientras contemplamos el espectáculo más bonito de todos: la **Tour Eiffel**, iluminada bajo los fuegos artificiales.

À bientôt!

Bonjour: buenos días.
La vie en rose: famosa canción de Édith Piaf.
Ultramar: Guadalupe, Martinica, Guyana, Reunión, Mayotte y otros territorios.
Quartier Latin: barrio estudiantil situado en los distritos 5.º y 6.º. En la Edad Media se enseñaba en latín.
Notre-Dame: catedral gótica. Las carreteras francesas tienen como kilómetro 0 o punto de partida este edificio.
Cine: el séptimo arte fue inventado por los hermanos Lumière en Lyon, en el siglo XIX.
Louvre: el museo de arte más grande del mundo.
Bûche glacée: tronco helado de Navidad.
Beaubourg o centro Pompidou: museo de arte moderno situado en el distrito 4.º.
Petit rat: alumno de la Escuela de Danza de la Ópera. El rey francés Luis XIV creó la primera escuela de danza clásica profesional del mundo.
Lait grenadine: batido de leche con jarabe de granadina.
Champs-Élysées: la «avenida más bonita del mundo», que va desde la plaza de la Concorde hasta el Arco de Triunfo (distrito 8.º).
Tour Eiffel: emblema de París, construida por Gustavo Eiffel para la Exposición universal de 1889. Es el monumento más visitado del mundo.
À bientôt: hasta pronto.